**NAME:** _____

**AGE:** _____

_____

_____

_____

_____

_____

**NAME:** _____

**AGE:** _____    **DATE:** _____

_____

_____

_____

_____

**NAME:** _____

**AGE:** _____    **DATE:** _____

_____

_____

_____

_____

_____

**NAME:** _____

**AGE:** _____ **DATE:** _____

_____

_____

_____

_____

_____

**NAME:** _____

**AGE:** _____ **DATE:** _____

_____

_____

_____

_____

_____

**NAME:** _____

**AGE:** _____ **DATE:** _____

_____

_____

_____

_____

_____

**NAME:** _____

**AGE:** _____ **DATE:** _____

_____

_____

_____

_____

**NAME:** _____

**AGE:** _____ **DATE:** _____

_____

_____

_____

_____

**NAME:** _____

**AGE:** _____ **DATE:** _____

_____

_____

_____

_____

**NAME:** _____

**AGE:** _____ **DATE:** _____

_____

_____

_____

_____

_____

**NAME:** _____

**AGE:** _____ **DATE:** _____

_____

_____

_____

_____

_____

**NAME:** _____

**AGE:** _____ **DATE:** _____

_____

_____

_____

_____

_____

**NAME:** _____

**AGE:** _____ **DATE:** _____

_____

_____

_____

_____

**NAME:** _____

**AGE:** _____ **DATE:** _____

_____

_____

_____

_____

**NAME:** _____

**AGE:** _____ **DATE:** _____

_____

_____

_____

_____

**NAME:** _____

**AGE:** _____ **DATE:** _____

_____

_____

_____

_____

**NAME:** _____

**AGE:** _____ **DATE:** _____

_____

_____

_____

_____

**NAME:** _____

**AGE:** _____ **DATE:** _____

_____

_____

_____

_____

**NAME:**

**AGE:** _____ **DATE:** _____

_____

_____

_____

_____

**NAME:**

**AGE:** _____ **DATE:** _____

_____

_____

_____

_____

**NAME:**

**AGE:** _____ **DATE:** _____

_____

_____

_____

_____

**NAME:** _____

**AGE:** _____ **DATE:** _____

_____

_____

_____

_____

**NAME:** _____

**AGE:** _____ **DATE:** _____

_____

_____

_____

_____

**NAME:** _____

**AGE:** _____ **DATE:** _____

_____

_____

_____

_____

**NAME:** _____

**AGE:** _____ **DATE:** _____

_____

_____

_____

_____

_____

**NAME:** _____

**AGE:** _____ **DATE:** _____

_____

_____

_____

_____

_____

**NAME:** _____

**AGE:** _____ **DATE:** _____

_____

_____

_____

_____

_____

**NAME:** _____

**AGE:** _____ **DATE:** _____

_____

_____

_____

_____

_____

**NAME:** _____

**AGE:** _____ **DATE:** _____

_____

_____

_____

_____

_____

**NAME:** _____

**AGE:** _____ **DATE:** _____

_____

_____

_____

_____

_____

**NAME:** _____

**AGE:** _____ **DATE:** _____

_____

_____

_____

_____

**NAME:** _____

**AGE:** _____ **DATE:** _____

_____

_____

_____

_____

**NAME:** _____

**AGE:** _____ **DATE:** _____

_____

_____

_____

_____

**NAME:** _____

**AGE:** _____  **DATE:** _____

_____
_____
_____
_____
_____

**NAME:** _____

**AGE:** _____  **DATE:** _____

_____
_____
_____
_____
_____

**NAME:** _____

**AGE:** _____  **DATE:** _____

_____
_____
_____
_____
_____

**NAME:** _____

**AGE:** _____  **DATE:** _____

_____

_____

_____

_____

**NAME:** _____

**AGE:** _____  **DATE:** _____

_____

_____

_____

_____

**NAME:** _____

**AGE:** _____  **DATE:** _____

_____

_____

_____

_____

**NAME:** _____

**AGE:** _____  **DATE:** _____

_____

_____

_____

_____

_____

**NAME:** _____

**AGE:** _____  **DATE:** _____

_____

_____

_____

_____

_____

**NAME:** _____

**AGE:** _____  **DATE:** _____

_____

_____

_____

_____

_____

**NAME:**

**AGE:** _____ **DATE:** _____

_____

_____

_____

_____

_____

**NAME:**

**AGE:** _____ **DATE:** _____

_____

_____

_____

_____

**NAME:**

**AGE:** _____ **DATE:** _____

_____

_____

_____

_____

**NAME:** _____

**AGE:** _____ **DATE:** _____

_____

_____

_____

_____

_____

**NAME:** _____

**AGE:** _____ **DATE:** _____

_____

_____

_____

_____

_____

**NAME:** _____

**AGE:** _____ **DATE:** _____

_____

_____

_____

_____

_____

**NAME:**

**AGE:**               **DATE:**

---

---

---

---

**NAME:**

**AGE:**               **DATE:**

---

---

---

---

**NAME:**

**AGE:**               **DATE:**

---

---

---

---

**NAME:** _____

**AGE:** _____ **DATE:** _____

_____

_____

_____

_____

**NAME:** _____

**AGE:** _____ **DATE:** _____

_____

_____

_____

_____

**NAME:** _____

**AGE:** _____ **DATE:** _____

_____

_____

_____

_____

**NAME:** _____

**AGE:** _____  **DATE:** _____

_____

_____

_____

_____

**NAME:** _____

**AGE:** _____  **DATE:** _____

_____

_____

_____

_____

**NAME:** _____

**AGE:** _____  **DATE:** _____

_____

_____

_____

_____

**NAME:** _____

**AGE:** _____ **DATE:** _____

_____

_____

_____

_____

_____

**NAME:** _____

**AGE:** _____ **DATE:** _____

_____

_____

_____

_____

_____

**NAME:** _____

**AGE:** _____ **DATE:** _____

_____

_____

_____

_____

**NAME:** _____

**AGE:** _____ **DATE:** _____

_____

_____

_____

_____

**NAME:** _____

**AGE:** _____ **DATE:** _____

_____

_____

_____

_____

**NAME:** _____

**AGE:** _____ **DATE:** _____

_____

_____

_____

_____

**NAME:** _____

**AGE:** _____  **DATE:** _____

_____

_____

_____

_____

**NAME:** _____

**AGE:** _____  **DATE:** _____

_____

_____

_____

_____

**NAME:** _____

**AGE:** _____  **DATE:** _____

_____

_____

_____

_____

**NAME:**

**AGE:** **DATE:**

_____

_____

_____

_____

**NAME:**

**AGE:** **DATE:**

_____

_____

_____

_____

**NAME:**

**AGE:** **DATE:**

_____

_____

_____

_____

**NAME:** _____

**AGE:** _____ **DATE:** _____

_____

_____

_____

_____

_____

**NAME:** _____

**AGE:** _____ **DATE:** _____

_____

_____

_____

_____

_____

**NAME:** _____

**AGE:** _____ **DATE:** _____

_____

_____

_____

_____

_____

**NAME:**

**AGE:** **DATE:**

_____

_____

_____

_____

**NAME:**

**AGE:** **DATE:**

_____

_____

_____

_____

**NAME:**

**AGE:** **DATE:**

_____

_____

_____

_____

**NAME:** _____

**AGE:** _____ **DATE:** _____

_____

_____

_____

_____

_____

**NAME:** _____

**AGE:** _____ **DATE:** _____

_____

_____

_____

_____

_____

**NAME:** _____

**AGE:** _____ **DATE:** _____

_____

_____

_____

_____

_____

**NAME:** _____

**AGE:** _____ **DATE:** _____

_____

_____

_____

_____

**NAME:** _____

**AGE:** _____ **DATE:** _____

_____

_____

_____

_____

**NAME:** _____

**AGE:** _____ **DATE:** _____

_____

_____

_____

_____

NAME: _____

AGE: _____ DATE: _____

_____

_____

_____

_____

NAME: _____

AGE: _____ DATE: _____

_____

_____

_____

_____

NAME: _____

AGE: _____ DATE: _____

_____

_____

_____

_____

**NAME:** _____

**AGE:** _____  **DATE:** _____

_____

_____

_____

_____

**NAME:** _____

**AGE:** _____  **DATE:** _____

_____

_____

_____

_____

**NAME:** _____

**AGE:** _____  **DATE:** _____

_____

_____

_____

_____

**NAME:** _____

**AGE:** _____  **DATE:** _____

_____

_____

_____

_____

**NAME:** _____

**AGE:** _____  **DATE:** _____

_____

_____

_____

_____

**NAME:** _____

**AGE:** _____  **DATE:** _____

_____

_____

_____

_____

**NAME:** _____

**AGE:** _____ **DATE:** _____

_____

_____

_____

_____

_____

**NAME:** _____

**AGE:** _____ **DATE:** _____

_____

_____

_____

_____

_____

**NAME:** _____

**AGE:** _____ **DATE:** _____

_____

_____

_____

_____

_____

**NAME:** _____

**AGE:** _____ **DATE:** _____

_____

_____

_____

_____

**NAME:** _____

**AGE:** _____ **DATE:** _____

_____

_____

_____

_____

**NAME:** _____

**AGE:** _____ **DATE:** _____

_____

_____

_____

_____

**NAME:**

**AGE:** **DATE:**

_____

_____

_____

_____

**NAME:**

**AGE:** **DATE:**

_____

_____

_____

_____

**NAME:**

**AGE:** **DATE:**

_____

_____

_____

_____

**NAME:** _____

**AGE:** _____  **DATE:** _____

_____

_____

_____

_____

_____

**NAME:** _____

**AGE:** _____  **DATE:** _____

_____

_____

_____

_____

_____

**NAME:** _____

**AGE:** _____  **DATE:** _____

_____

_____

_____

_____

_____

**NAME:** _____

**AGE:** _____  **DATE:** _____

_____

_____

_____

_____

_____

**NAME:** _____

**AGE:** _____  **DATE:** _____

_____

_____

_____

_____

_____

**NAME:** _____

**AGE:** _____  **DATE:** _____

_____

_____

_____

_____

_____

**NAME:** _____

**AGE:** _____  **DATE:** _____

_____

_____

_____

_____

_____

**NAME:** _____

**AGE:** _____  **DATE:** _____

_____

_____

_____

_____

_____

**NAME:** _____

**AGE:** _____  **DATE:** _____

_____

_____

_____

_____

_____

**NAME:** _____

**AGE:** _____ **DATE:** _____

_____

_____

_____

_____

**NAME:** _____

**AGE:** _____ **DATE:** _____

_____

_____

_____

_____

**NAME:** _____

**AGE:** _____ **DATE:** _____

_____

_____

_____

_____

**NAME:** _____

**AGE:** _____ **DATE:** _____

_____

_____

_____

_____

_____

**NAME:** _____

**AGE:** _____ **DATE:** _____

_____

_____

_____

_____

_____

**NAME:** _____

**AGE:** _____ **DATE:** _____

_____

_____

_____

_____

_____

NAME: _____

AGE: _____  DATE: _____

_____

_____

_____

_____

NAME: _____

AGE: _____  DATE: _____

_____

_____

_____

_____

NAME: _____

AGE: _____  DATE: _____

_____

_____

_____

_____

**NAME:** _____

**AGE:** _____ **DATE:** _____

_____

_____

_____

_____

**NAME:** _____

**AGE:** _____ **DATE:** _____

_____

_____

_____

_____

**NAME:** _____

**AGE:** _____ **DATE:** _____

_____

_____

_____

_____

**NAME:** _____

**AGE:** _____ **DATE:** _____

_____

_____

_____

_____

**NAME:** _____

**AGE:** _____ **DATE:** _____

_____

_____

_____

_____

**NAME:** _____

**AGE:** _____ **DATE:** _____

_____

_____

_____

_____

**NAME:** _____

**AGE:** _____  **DATE:** _____

_____

_____

_____

_____

**NAME:** _____

**AGE:** _____  **DATE:** _____

_____

_____

_____

_____

**NAME:** _____

**AGE:** _____  **DATE:** _____

_____

_____

_____

_____

**NAME:** _____

**AGE:** _____    **DATE:** _____

_____

_____

_____

_____

**NAME:** _____

**AGE:** _____    **DATE:** _____

_____

_____

_____

_____

**NAME:** _____

**AGE:** _____    **DATE:** _____

_____

_____

_____

_____

**NAME:** _____

**AGE:** _____ **DATE:** _____

_____

_____

_____

_____

**NAME:** _____

**AGE:** _____ **DATE:** _____

_____

_____

_____

_____

**NAME:** _____

**AGE:** _____ **DATE:** _____

_____

_____

_____

_____

**NAME:**

**AGE:**        **DATE:**

---

---

---

---

**NAME:**

**AGE:**        **DATE:**

---

---

---

---

**NAME:**

**AGE:**        **DATE:**

---

---

---

---

**NAME:** _____

**AGE:** _____ **DATE:** _____

_____

_____

_____

_____

_____

**NAME:** _____

**AGE:** _____ **DATE:** _____

_____

_____

_____

_____

_____

**NAME:** _____

**AGE:** _____ **DATE:** _____

_____

_____

_____

_____

_____

**NAME:** _____

**AGE:** _____  **DATE:** _____

_____

_____

_____

_____

_____

**NAME:** _____

**AGE:** _____  **DATE:** _____

_____

_____

_____

_____

_____

**NAME:** _____

**AGE:** _____  **DATE:** _____

_____

_____

_____

_____

_____

**NAME:** _____

**AGE:** _____ **DATE:** _____

_____

_____

_____

_____

**NAME:** _____

**AGE:** _____ **DATE:** _____

_____

_____

_____

_____

**NAME:** _____

**AGE:** _____ **DATE:** _____

_____

_____

_____

_____

**NAME:** _____

**AGE:** _____  **DATE:** _____

_____

_____

_____

_____

**NAME:** _____

**AGE:** _____  **DATE:** _____

_____

_____

_____

_____

**NAME:** _____

**AGE:** _____  **DATE:** _____

_____

_____

_____

_____

**NAME:** _____

**AGE:** _____ **DATE:** _____

_____

_____

_____

_____

_____

**NAME:** _____

**AGE:** _____ **DATE:** _____

_____

_____

_____

_____

_____

**NAME:** _____

**AGE:** _____ **DATE:** _____

_____

_____

_____

_____

_____

**NAME:** _____

**AGE:** _____  **DATE:** _____

_____

_____

_____

_____

**NAME:** _____

**AGE:** _____  **DATE:** _____

_____

_____

_____

_____

**NAME:** _____

**AGE:** _____  **DATE:** _____

_____

_____

_____

_____

**NAME:** _____

**AGE:** _____ **DATE:** _____

_____

_____

_____

_____

_____

**NAME:** _____

**AGE:** _____ **DATE:** _____

_____

_____

_____

_____

_____

**NAME:** _____

**AGE:** _____ **DATE:** _____

_____

_____

_____

_____

_____

**NAME:** _____

**AGE:** _____ **DATE:** _____

_____

_____

_____

_____

_____

**NAME:** _____

**AGE:** _____ **DATE:** _____

_____

_____

_____

_____

_____

**NAME:** _____

**AGE:** _____ **DATE:** _____

_____

_____

_____

_____

_____

**NAME:** _____

**AGE:** _____ **DATE:** _____

_____

_____

_____

_____

**NAME:** _____

**AGE:** _____ **DATE:** _____

_____

_____

_____

_____

**NAME:** _____

**AGE:** _____ **DATE:** _____

_____

_____

_____

_____

**NAME:** _____

**AGE:** _____ **DATE:** _____

_____

_____

_____

_____

_____

**NAME:** _____

**AGE:** _____ **DATE:** _____

_____

_____

_____

_____

**NAME:** _____

**AGE:** _____ **DATE:** _____

_____

_____

_____

_____

**NAME:** _____

**AGE:** _____ **DATE:** _____

_____

_____

_____

_____

_____

**NAME:** _____

**AGE:** _____ **DATE:** _____

_____

_____

_____

_____

_____

**NAME:** _____

**AGE:** _____ **DATE:** _____

_____

_____

_____

_____

_____

**NAME:** _____

**AGE:** _____ **DATE:** _____

_____

_____

_____

_____

_____

**NAME:** _____

**AGE:** _____ **DATE:** _____

_____

_____

_____

_____

_____

**NAME:** _____

**AGE:** _____ **DATE:** _____

_____

_____

_____

_____

_____

**NAME:** _____

**AGE:** _____ **DATE:** _____

_____

_____

_____

_____

_____

**NAME:** _____

**AGE:** _____ **DATE:** _____

_____

_____

_____

_____

_____

**NAME:** _____

**AGE:** _____ **DATE:** _____

_____

_____

_____

_____

_____

**NAME:** _____

**AGE:** _____ **DATE:** _____

_____

_____

_____

_____

_____

**NAME:** _____

**AGE:** _____ **DATE:** _____

_____

_____

_____

_____

_____

**NAME:** _____

**AGE:** _____ **DATE:** _____

_____

_____

_____

_____

_____

**NAME:** _____

**AGE:** _____ **DATE:** _____

_____

_____

_____

_____

_____

**NAME:** _____

**AGE:** _____ **DATE:** _____

_____

_____

_____

_____

_____

**NAME:** _____

**AGE:** _____ **DATE:** _____

_____

_____

_____

_____

_____

**NAME:** _____

**AGE:** _____ **DATE:** _____

_____

_____

_____

_____

**NAME:** _____

**AGE:** _____ **DATE:** _____

_____

_____

_____

_____

**NAME:** _____

**AGE:** _____ **DATE:** _____

_____

_____

_____

_____

**NAME:** _____

**AGE:** _____    **DATE:** _____

_____

_____

_____

_____

_____


**NAME:** _____

**AGE:** _____    **DATE:** _____

_____

_____

_____

_____

_____


**NAME:** _____

**AGE:** _____    **DATE:** _____

_____

_____

_____

_____

_____

**NAME:** _____

**AGE:** _____ **DATE:** _____

_____

_____

_____

_____

_____

**NAME:** _____

**AGE:** _____ **DATE:** _____

_____

_____

_____

_____

_____

**NAME:** _____

**AGE:** _____ **DATE:** _____

_____

_____

_____

_____

_____

**NAME:** _____

**AGE:** _____ **DATE:** _____

_____

_____

_____

_____

**NAME:** _____

**AGE:** _____ **DATE:** _____

_____

_____

_____

_____

**NAME:** _____

**AGE:** _____ **DATE:** _____

_____

_____

_____

_____

**NAME:** _____

**AGE:** _____ **DATE:** _____

_____

_____

_____

_____

_____

**NAME:** _____

**AGE:** _____ **DATE:** _____

_____

_____

_____

_____

_____

**NAME:** _____

**AGE:** _____ **DATE:** _____

_____

_____

_____

_____

_____

**NAME:** _____

**AGE:** _____  **DATE:** _____

_____

_____

_____

_____

_____

**NAME:** _____

**AGE:** _____  **DATE:** _____

_____

_____

_____

_____

_____

**NAME:** _____

**AGE:** _____  **DATE:** _____

_____

_____

_____

_____

_____

**NAME:** _____

**AGE:** _____ **DATE:** _____

_____

_____

_____

_____

_____

**NAME:** _____

**AGE:** _____ **DATE:** _____

_____

_____

_____

_____

_____

**NAME:** _____

**AGE:** _____ **DATE:** _____

_____

_____

_____

_____

_____

**NAME:** _____

**AGE:** _____ **DATE:** _____

_____

_____

_____

_____

_____

**NAME:** _____

**AGE:** _____ **DATE:** _____

_____

_____

_____

_____

_____

**NAME:** _____

**AGE:** _____ **DATE:** _____

_____

_____

_____

_____

_____

**NAME:** _____

**AGE:** _____ **DATE:** _____

_____
_____
_____
_____
_____

**NAME:** _____

**AGE:** _____ **DATE:** _____

_____
_____
_____
_____
_____

**NAME:** _____

**AGE:** _____ **DATE:** _____

_____
_____
_____
_____
_____

**NAME:** _____

**AGE:** _____  **DATE:** _____

_____

_____

_____

_____

_____

**NAME:** _____

**AGE:** _____  **DATE:** _____

_____

_____

_____

_____

_____

**NAME:** _____

**AGE:** _____  **DATE:** _____

_____

_____

_____

_____

_____

**NAME:** _____

**AGE:** _____ **DATE:** _____

_____

_____

_____

_____

_____

**NAME:** _____

**AGE:** _____ **DATE:** _____

_____

_____

_____

_____

**NAME:** _____

**AGE:** _____ **DATE:** _____

_____

_____

_____

_____

_____

**NAME:** _____

**AGE:** _____ **DATE:** _____

_____

_____

_____

_____

**NAME:** _____

**AGE:** _____ **DATE:** _____

_____

_____

_____

_____

**NAME:** _____

**AGE:** _____ **DATE:** _____

_____

_____

_____

_____

**NAME:** _____

**AGE:** _____ **DATE:** _____

_____

_____

_____

_____

_____

**NAME:** _____

**AGE:** _____ **DATE:** _____

_____

_____

_____

_____

_____

**NAME:** _____

**AGE:** _____ **DATE:** _____

_____

_____

_____

_____

_____

**NAME:** _____

**AGE:** _____  **DATE:** _____

_____

_____

_____

_____

**NAME:** _____

**AGE:** _____  **DATE:** _____

_____

_____

_____

_____

**NAME:** _____

**AGE:** _____  **DATE:** _____

_____

_____

_____

_____

**NAME:** _____

**AGE:** _____ **DATE:** _____

_____

_____

_____

_____

_____

**NAME:** _____

**AGE:** _____ **DATE:** _____

_____

_____

_____

_____

_____

**NAME:** _____

**AGE:** _____ **DATE:** _____

_____

_____

_____

_____

_____

**NAME:**

**AGE:** **DATE:**

---

---

---

---

---

---

**NAME:**

**AGE:** **DATE:**

---

---

---

---

---

---

**NAME:**

**AGE:** **DATE:**

---

---

---

---

---

**NAME:** _____

**AGE:** _____   **DATE:** _____

_____

_____

_____

_____

_____

**NAME:** _____

**AGE:** _____   **DATE:** _____

_____

_____

_____

_____

_____

**NAME:** _____

**AGE:** _____   **DATE:** _____

_____

_____

_____

_____

_____

**NAME:** _____

**AGE:** _____ **DATE:** _____

_____

_____

_____

_____

**NAME:** _____

**AGE:** _____ **DATE:** _____

_____

_____

_____

_____

**NAME:** _____

**AGE:** _____ **DATE:** _____

_____

_____

_____

_____

**NAME:** _____

**AGE:** _____ **DATE:** _____

_____

_____

_____

_____

_____

**NAME:** _____

**AGE:** _____ **DATE:** _____

_____

_____

_____

_____

_____

**NAME:** _____

**AGE:** _____ **DATE:** _____

_____

_____

_____

_____

_____

**NAME:** _____

**AGE:** _____ **DATE:** _____

_____

_____

_____

_____

_____

**NAME:** _____

**AGE:** _____ **DATE:** _____

_____

_____

_____

_____

_____

**NAME:** _____

**AGE:** _____ **DATE:** _____

_____

_____

_____

_____

_____

**NAME:** _____

**AGE:** _____  **DATE:** _____

_____

_____

_____

_____

_____

**NAME:** _____

**AGE:** _____  **DATE:** _____

_____

_____

_____

_____

_____

**NAME:** _____

**AGE:** _____  **DATE:** _____

_____

_____

_____

_____

_____

**NAME:** _____

**AGE:** _____ **DATE:** _____

_____

_____

_____

_____

_____

**NAME:** _____

**AGE:** _____ **DATE:** _____

_____

_____

_____

_____

**NAME:** _____

**AGE:** _____ **DATE:** _____

_____

_____

_____

_____

**NAME:** _____

**AGE:** _____ **DATE:** _____

_____

_____

_____

_____

_____


**NAME:** _____

**AGE:** _____ **DATE:** _____

_____

_____

_____

_____

_____


**NAME:** _____

**AGE:** _____ **DATE:** _____

_____

_____

_____

_____

_____

**NAME:** _____

**AGE:** _____ **DATE:** _____

_____

_____

_____

_____

_____

**NAME:** _____

**AGE:** _____ **DATE:** _____

_____

_____

_____

_____

_____

**NAME:** _____

**AGE:** _____ **DATE:** _____

_____

_____

_____

_____

_____

**NAME:** _____

**AGE:** _____     **DATE:** _____

_____

_____

_____

_____

_____

**NAME:** _____

**AGE:** _____     **DATE:** _____

_____

_____

_____

_____

_____

**NAME:** _____

**AGE:** _____     **DATE:** _____

_____

_____

_____

_____

_____

**NAME:** _____

**AGE:** _____  **DATE:** _____

_____

_____

_____

_____

_____

**NAME:** _____

**AGE:** _____  **DATE:** _____

_____

_____

_____

_____

_____

**NAME:** _____

**AGE:** _____  **DATE:** _____

_____

_____

_____

_____

_____

**NAME:** _____

**AGE:** _____ **DATE:** _____

_____

_____

_____

_____

**NAME:** _____

**AGE:** _____ **DATE:** _____

_____

_____

_____

_____

**NAME:** _____

**AGE:** _____ **DATE:** _____

_____

_____

_____

_____

**NAME:** _____

**AGE:** _____ **DATE:** _____

_____

_____

_____

_____

**NAME:** _____

**AGE:** _____ **DATE:** _____

_____

_____

_____

_____

**NAME:** _____

**AGE:** _____ **DATE:** _____

_____

_____

_____

_____

**NAME:** _____

**AGE:** _____ **DATE:** _____

_____

_____

_____

_____

_____

**NAME:** _____

**AGE:** _____ **DATE:** _____

_____

_____

_____

_____

_____

**NAME:** _____

**AGE:** _____ **DATE:** _____

_____

_____

_____

_____

_____

**NAME:** _____

**AGE:** _____ **DATE:** _____

_____

_____

_____

_____

**NAME:** _____

**AGE:** _____ **DATE:** _____

_____

_____

_____

_____

**NAME:** _____

**AGE:** _____ **DATE:** _____

_____

_____

_____

_____

**NAME:** _____

**AGE:** _____ **DATE:** _____

_____

_____

_____

_____

_____

**NAME:** _____

**AGE:** _____ **DATE:** _____

_____

_____

_____

_____

_____

**NAME:** _____

**AGE:** _____ **DATE:** _____

_____

_____

_____

_____

_____

**NAME:** _____

**AGE:** _____ **DATE:** _____

_____

_____

_____

_____

**NAME:** _____

**AGE:** _____ **DATE:** _____

_____

_____

_____

_____

**NAME:** _____

**AGE:** _____ **DATE:** _____

_____

_____

_____

_____

**NAME:** _____

**AGE:** _____  **DATE:** _____

_____

_____

_____

_____

_____

**NAME:** _____

**AGE:** _____  **DATE:** _____

_____

_____

_____

_____

_____

**NAME:** _____

**AGE:** _____  **DATE:** _____

_____

_____

_____

_____

_____

**NAME:** _____

**AGE:** _____ **DATE:** _____

_____

_____

_____

_____

_____

**NAME:** _____

**AGE:** _____ **DATE:** _____

_____

_____

_____

_____

_____

**NAME:** _____

**AGE:** _____ **DATE:** _____

_____

_____

_____

_____

_____

**NAME:** _____

**AGE:** _____   **DATE:** _____

_____

_____

_____

_____

_____

**NAME:** _____

**AGE:** _____   **DATE:** _____

_____

_____

_____

_____

_____

**NAME:** _____

**AGE:** _____   **DATE:** _____

_____

_____

_____

_____

_____

**NAME:** _____

**AGE:** _____ **DATE:** _____

_____

_____

_____

_____

**NAME:** _____

**AGE:** _____ **DATE:** _____

_____

_____

_____

_____

**NAME:** _____

**AGE:** _____ **DATE:** _____

_____

_____

_____

_____

**NAME:** _____

**AGE:** _____ **DATE:** _____

_____

_____

_____

_____

_____

**NAME:** _____

**AGE:** _____ **DATE:** _____

_____

_____

_____

_____

_____

**NAME:** _____

**AGE:** _____ **DATE:** _____

_____

_____

_____

_____

_____

**NAME:** _____

**AGE:** _____ **DATE:** _____

_____

_____

_____

_____

_____

**NAME:** _____

**AGE:** _____ **DATE:** _____

_____

_____

_____

_____

_____

**NAME:** _____

**AGE:** _____ **DATE:** _____

_____

_____

_____

_____

_____

Made in United States
Orlando, FL
13 February 2022

14785904R00062